AF265720

44

Lb 482.

DISCOURS

Pour *l'Anniversaire du Couronnement* de Sa Majesté NAPOLÉON Ier, EMPEREUR DES FRANÇAIS, *et de la Victoire d'Austerlitz ;*

Prononcé dans l'Eglise Métropolitaine de Paris,

Le Dimanche 6 Décembre 1807 ;

En présence de S. A. S. le Prince Archi-Trésorier, de S. E. le Cardinal Archevêque de Paris, des Princes Grands Dignitaires de l'Empire, des Ministres de S. M., des Grands Officiers de l'Empire, des Grands Officiers de la Couronne, des Grands Officiers de la Légion d'Honneur, et de toutes les Autorités civiles, militaires et judiciaires du Département de la Seine.

Par *M. N. S. GUILLON, Chanoine honoraire de l'Eglise Métropolitaine de Paris.*

~~~~~~~~~~

PARIS, 1807.
~~~~~~~~~~

DISCOURS

Pour *l'Anniversaire du Couronnement de S. M.* Napoléon Ier., Empereur des Français *, et de la Victoire d'Austerlitz.*

Messeigneurs et Messieurs,

Pourquoi ce concours de tous les ordres de l'Etat ? Quelle est cette fête qui, de toutes les parties de notre immense capitale, réunit dans ce temple les princes de l'Eglise et de l'Empire, ces guerriers, ces magistrats, s'humiliant aux pieds de l'Eternel, et tout ce peuple en foule contemplant, avec autant d'admiration que de curiosité, la brillante cour que reçoit aujourd'hui le Roi des Rois ? Pourquoi ce concert unanime d'acclamations qui, de tous les points de l'Empire français,

s'élèvent vers le ciel ? Sont-ce des supplica-
tions, sont-ce des actions de grâces qui s'a-
dressent au Seigneur ? Quels vœux allez-vous
lui présenter, ô vous, vénérable Onias (1),
dont la présence ajoute un nouvel ornement
à nos pompes religieuses, pontife chéri, dont
le visage auguste, affranchi des ravages du
tems, semble offrir une image de l'immor-
telle jeunesse qui doit être dans le ciel la
récompense de vos vertus ? Et moi-même,
Chrétiens, quel est le ministère auquel je
suis appelé ? *quæ est ista religio ?* (2)

Ainsi, quand autrefois la trompette sainte
appelait dans le temple les tribus d'Israël,
les enfans demandaient à leurs pères quelle
était cette solennité, que voulait dire toute
cette pompe, *quæ est ista religio ?* et les
pères répondaient à leurs enfans : Cette fête
est celle du jour où le Seigneur a brisé les
chaînes que nos superbes ennemis avaient
préparées contre nous ; du jour où scellant
par la plus éclatante victoire l'alliance faite
avec nos pères, il ordonna que le souvenir de
notre délivrance fût consacré, d'âge en âge,

____

(1) S. Em. Monseigneur le Cardinal Archevêque
de Paris, officiant.
(2) Exod. XII, 26.

par une solennelle reconnaissance. Aussitôt, dans les transports d'une pieuse allégresse, vous eussiez vu Israël tout entier, comme autrefois sur les bords de la Mer Rouge, chanter à la louange du Seigneur, le cantique d'actions de grâces : « C'est lui, c'est
» le Tout-Puissant qui a déployé en notre
» faveur la force de son bras ; il s'est montré
» lui-même comme le plus redoutable des
» guerriers ; c'est lui qui conduisait nos ba-
» taillons : du souffle de sa colère, il terras-
» sait nos ennemis, renversait leur orgueil,
» et creusait sous leurs pas les abîmes où ils
» sont restés ensevelis ». (*Exod.* xv. 5.)

Tandis que les enfans de l'alliance répétaient le saint cantique, on eût dit que l'Eternel lui-même abaissant son trône au milieu d'eux se rendait présent aux hommages de la terre ; et le temple tout entier resplendissait de la gloire du Dieu des armées.

Et nous aussi, Chrétiens, nous avons notre double commémoration : c'est elle qui nous rassemble aux pieds de ces autels. Comme les Hébreux échappés au joug de la servitude, nous nous réunissons pour chanter l'hymne du triomphe, et célébrer la puissance de Dieu par qui nous avons été sauvés. *Te Deum laudamus , te Dominum confitemur.*

Victoire d'Austerlitz , consécration de l'Empereur des Français, glorieux anniversaire de notre délivrance au dehors et de notre renouvellement dans l'intérieur , vous serez à jamais confondus dans les bénédictions de la terre , comme vous aviez été liés dans les décrets de l'éternelle Providence.

L'objet de cette solennité est de rapporter à sa source le bienfait qu'elle rappelle , et tel est aussi , Messeigneurs et Messieurs, le but de ce discours.

Implorons les lumières de l'Esprit-Saint par l'intercession de la Vierge protectrice de cet Empire. *Ave Maria.*

MESSEIGNEURS ET MESSIEURS,

Le Dieu qui est la source de toute grandeur et de toute puissance, est aussi le même qui distribue à son gré l'empire et la victoire. C'est Dieu , nous disent nos Écritures, qui fait les rois, c'est lui qui fait les conquérans.

Plus d'une fois , et tout récemment encore, vous en avez fait la solennelle reconnaissance, ô vous, l'élu du Très-Haut, invincible Empereur , alors, que, plein de la sagesse des Moïse et des David, des Judas-Mac-

chabée et des Charlemagne, avant d'ouvrir la
carrière des combats aux Héros de la France,
vous avez voulu que des prières fussent
adressées au Dieu des armées ; parce que,
disiez-vous par l'organe de votre ministre,
« point de succès, point de triomphe à es-
» pérer, sans le secours de celui qui dissipe
» les ligues et fait régner les rois. »

Quoi donc ? Avaient-ils péri dans les
champs de l'honneur, ces braves compagnons
d'armes, qui vainquirent avec vous dans les
plaines d'Arcole et de Lodi ? Si quelques-uns
ont succombé, ne laissaient-ils pas après eux
une postérité digne de leurs pères ? étaient-
ils tombés aux mains de l'ennemi, ces dra-
peaux qui précédèrent toujours nos légions
dans le chemin de la gloire ? Ne vous suf-
fit-il pas, comme à ce renommé capitaine
de l'antiquité, mais avec bien plus de
vérité que lui, de frapper du pied la terre ;
et voilà qu'aussitôt, par une sorte d'enchan-
tement, vont s'élancer tout armées d'innom-
brables légions dressées pour la victoire ?
Seul, avec la grandeur de votre courage et
de votre génie, vous suffiriez à la défense de
la noble cause que vous avez entreprise ; et
quand votre France, excitée par tant de sou-

(8)

venirs et de triomphes, vous offre dans chacun de ses citoyens autant de soldats, dans chacun de ses soldats autant de héros, à quoi bon invoquer des secours étrangers ?

Ah loin ! bien loin de la pensée de NAPOLÉON ces téméraires confiances qui rejeteraient le plus solide de tous les appuis. Loin ce jaloux orgueil, qui, se reposant sur ses seules forces du soin de ses destinées, dirait comme autrefois Babylone : Je suis, et il n'y a point d'autre puissance que moi ; *Ego sum, et non est præter me alius* (1). Son grand cœur remontant par-delà cette terre, par-delà cette confédération vraiment inouie de talens divers, a vu, sur le trône de Dieu même, le principe d'une puissance qui n'a plus rien d'égal sous le ciel ; il a vu dans les mains de tant de héros et dans les siennes propres, comme dans celles de Gédéon et de Cyrus, le glaive du Seigneur qui l'appelle pour *briser les portes d'airain, humilier les potentats de la terre, et réduire tous ses ennemis sous le joug* (2); et, fidèle à la reconnaissance, comme il le fut à la religion, il viendra aux pieds de ces mêmes autels,

---

(1) Isaï. XLVII, 8.
(2) Judic. VII, 20. — Isaïe XLV, 2.

abaisser la majesté impériale ; et montrer à tous les peuples quelle est la véritable, l'unique source à laquelle se doit rapporter l'honneur de ses victoires.

Donc, à l'exemple de notre religieux Monarque, nous vous louerons, ô Dieu du Ciel et de la Terre, dispensateur souverain de la gloire et de la domination, qui vous jouez des sceptres et des Empires, soulevez ou calmez à votre gré les tempêtes politiques, comme les orages de l'Océan, et qui, du sein même des ombres de la mort, suscitez, quand il vous plaît, des hommes extraordinaires, investis de votre force, empreints de votre image, pour soumettre le monde ou pour le renouveller. Donc, nous vous adorons, dans cette multitude de défenseurs dont vous avez environné notre patrie, comme d'une enceinte impénétrable, dans le courage de ces guerriers à qui vous avez donné la vîtesse des aigles et la force des lions pour fondre sur leur proie, sur-tout dans l'habileté de ce chef, si visiblement l'homme de votre droite, sur qui ses premiers exploits en France, en Italie, en Allemagne, avaient déjà fixé les espérances de la Nation et les inquiétudes de nos rivaux, avant que vous n'eussiez placé sur sa tête la première couronne de l'univers.

Elle n'était pas devenue encore le prix de la valeur et de la sagesse, cette couronne à qui la victoire préparait de si nobles ornemens. L'Eternel qui l'avait retirée à lui, la tenait encore en réserve dans les secrets de ses trésors, pour nous la rendre bientôt après parée d'un nouvel éclat. En ce tems - là, *sorties du puits de l'abîme*, comme parlent nos Ecritures (1), *de sombres vapeurs* enveloppant à la fois le Trône et l'Autel, avaient dérobé aux yeux des peuples ce double fondement de la prospérité des Empires et du bonheur des particuliers. Aujourd'hui si glorieuse, la France alors gémissait : NAPOLÉON était loin d'elle. Hélas ! dans ces jours de deuil, la Religion muette cherchait vainement des asiles où elle pût demander à Dieu le terme de nos calamités. Ses temples étaient déserts, ses autels captifs, ses ministres fugitifs ; et tandis que nos cœurs étaient les seuls sanctuaires où les vœux de la piété implorassent le Ciel en faveur de la Patrie, nos regards mesuraient tristement la vaste éten-

---

(1) Apoc. IX, 2.

due de ces mers couvertes de flottes enne-
mies, par-delà lesquelles NAPOLÉON triom-
phait encore.

Le moment marqué par la Providence
était venu, où des desseins de miséricorde
allaient remplacer enfin des desseins de jus-
tice et de colère, où les flots des tempêtes
humaines, à force de se soulever et de s'é-
tendre, allaient rencontrer le grain de sable
où devait se briser leur orgueil.

NAPOLÉON a quitté l'Egypte. Le couvrant
d'un bouclier impénétrable, l'ange du Seigneur ramène à travers les mers et les ha-
sards, ce futur libérateur de son peuple, à
qui Dieu semble avoir soumis les élémens
eux-mêmes ; cet homme jugé seul capable,
entre tous les mortels, de sauver la France.

Avec NAPOLÉON, la victoire est revenue
sous nos étendards. Le 18 Brumaire com-
mence une ère nouvelle de gloire, et de nou-
veaux triomphes en Italie ont reporté la
France au premier rang des nations.

Au moment de livrer la bataille qui le
rendit maître du Monde, le premier des
Empereurs Chrétiens aperçut dans le Ciel une
croix éclatante de lumière, et à l'entour,
ces mots écrits par une main céleste : Tu

vaincras dans ce signe, *in hoc signo vinces.*
Le présage fut accompli, et le vainqueur
de Maxence voulut que la croix montât avec
lui sur un même char de triomphe.

Il n'apparut point aux yeux du nouveau
Constantin, ce signe auguste de la Religion
que vous professez, Messeigneurs et Messieurs. Non. Héros de Tolbiac et de Bovine !
il ne se montra point non plus à vos regards,
sous des traits visibles, avant ces combats
célèbres. Mais j'en ai pour garant la solennelle déclaration qu'en a faite notre religieux
Monarque; ce Fils de l'homme, mort sur cette
croix, victime du genre humain, celui-là
qui disait à ses persécuteurs : *quand j'aurai
été enlevé de terre, j'attirerai tout à moi* (1),
le Dieu, vainqueur de la mort et des en-
fers, vint alors se retracer à sa pensée.
« Dieu de Clotilde! ô Jésus! fais-moi vain-
» cre, et je me fais Chrétien » S'écria Clovis;
et la France entière fut chrétienne. Ainsi,
sur le champ de bataille, NAPOLÉON a proclamé dans son cœur le Dieu, un dans sa
génération éternelle avec Dieu son père, ce
Jésus-Christ, présent dans les batailles, comme

____

(1) Evang. de S.-Jean, XII, 32.

il l'est sur nos autels ; et la France toute
entière redeviendra chrétienne. Il a senti qu'il
était fait pour quelque chose de plus grand
encore que de gagner des batailles ; et déjà
ses magnanimes résolutions ont relevé cette
croix, par laquelle et pour laquelle il allait
vaincre: *in hoc signo vinces* ; cette croix dont
l'éternelle destinée est de vaincre tout ce qu'il
y a, ce semble, de plus invincible, de con-
fondre la prudence des sages, et de triom-
pher de la puissance des forts. Oh ! combien
il est honorable pour un de ses ministres,
d'avoir à l'en féliciter en présence d'une aussi
auguste assemblée ! Quelle joie sur-tout,
de contempler parmi ceux qui m'entendent,
tant d'hommes accoutumés à raconter, bien
plus éloquemment que je ne le pourrais faire,
tous les prodiges de la croix ; tant de services
rendus par elle à l'humanité toute entière ; de
bienfaits publics et particuliers ; les peuples
arrachés aux extravagances de l'idolâtrie, aux
ténèbres de l'ignorance, aux sacrifices de
sang humain, aux ignominies de l'esclavage ;
tant de digues salutaires opposées aux crimes
secrets d'où naissent bientôt les crimes publics ; tant de motifs et d'espérances célestes,
ajoutées aux sentimens généreux qui font

de la société humaine , une famille dont les liens ne sont pas dissouts même par la mort, aux passions sublimes, nécessaires pour enfanter les grandes vertus; Tant de chefs-d'œuvre dans tous les genres, inspirés par le génie de la Religion , de productions et de monumens immortels, célébrant sa gloire, comme les étoiles du firmament annoncent la puissance du Créateur !

- Ce n'est donc point assez d'avoir assuré au dehors, l'honneur de notre France , par la terreur de ses armes , si elle est sans dignité au dedans ; si , privée de ces principes féconds qui font la vie des empires , elle reste veuve et de son Monarque et de son Dieu. Donc , que le législateur achève l'ouvrage du Conquérant ; que la société toute entière, ébranlée par de si violentes secousses , repose enfin sur des bases désormais immuables ! Or , voilà le nouveau trophée que NAPOLÉON apprête à son Empire ; voilà les augustes fiançailles signées pour la France, entre lui et le Dieu des armées , et que vous voyez aujourd'hui, Messeigneurs et Messieurs, acquittées si magnifiquement.

Avec le Concordat, la Religion nous est rendue, lumière bienfaisante, jetée au sein

d'un immense chaos : la royauté sortira bientôt de ses ruines , âme du corps politique,
esprit de vie répandu parmi tous ces osse-
mens arides et séparés l'un de l'autre. De
leur auguste alliance , la morale et les lois
reçoivent une sanction qui les rend sacrées ;
la vertu , un appui et des récompenses ; le
crime , un frein et des vengeurs pour l'en-
chaîner ou le punir ; l'infortune, des conso-
lations et des ressources. Toutes les ruines
se remuent à-la-fois, toutes les institutions
sages sont recréées, les ressentimens compri-
més , les élémens de discorde assujétis et
ramenés à l'harmonie générale, les divers ca-
naux de la prospérité publique rouverts et
agrandis.

La paix rendue à la France, quel heu-
reux présage pour l'Europe toute entière !
Comme elle s'était associée à nos agitations,
ainsi elle partagera le bienfait de notre renouvellement. Les mêmes mains qui ont porté
le remède jusques à ce centre d'où le mal s'était
répandu au loin , sauront en prévenir le re-
tour. Du haut de son char de triomphe,
NAPOLÉON n'a cessé de présenter la paix,
la paix , le premier des besoins , la première
des gloires, ainsi qu'il s'est exprimé lui-même,

et toutes ces campagnes que nous essayerions vainement de décrire, tant de victoires qui viennent en foule se retracer à votre mémoire, Messeigneurs et Messieurs, n'étaient pour lui que les instrumens de cette paix dont il a proclamé la monarchie universelle. Empires étrangers, unis à cet Empire, par les liens d'une fraternité désormais indissoluble! notre gloire est devenue pour vous tous un patrimoine commun. NAPOLÉON n'a retenu pour lui que l'honneur d'être votre arbitre. Nouveau David, il a fait de la France, cette citadelle, bâtie sur une haute montagne, dont les boulevards s'avancent au loin: mille boucliers suspendus autour d'elle, et toutes les armures des Forts ramassées dans son sein, la protègent à-la-fois, et reçoivent d'elle leur salut ; *turris David, cum propugnaculis, mille clypei pendent ex eâ, omnis armatura Fortium* (1).

Or, comment expliquer et ces triomphes qui ont surpassé jusqu'à l'imagination elle-même, et le prodige de cette paix cimentée par de si fortes alliances? Comment expliquer tout cela, puisque les saints oracles nous crient

____

(1) Cant. IV, 4.

que ce n'est ni la vaillance des guerriers
qui donne la victoire , ni la sagesse des politiques qui assure les traités? Comment l'expliquer, Messeigneurs et Messieurs ? Votre
assistance dans ce Temple me l'apprend. Elle
me dit qu'à pareil jour que celui dont nous
célébrons l'anniversaire , notre Empereur
vint, dans toute la pompe de sa dignité sou-
veraine , devant ces mêmes autels, accom-
pagné de la plupart d'entre vous , c'est-à-
dire , de tout ce que notre France possède
de plus illustre par l'éclat des hauts faits
militaires et des vertus civiles , recevoir
du Dieu des armées , le sceau de sa consécration. Ici, dans ce même temple, les
mains du premier des Pontifes , versè-
rent l'huile sainte sur sa tête. Ici, la France
suppliante aux pieds du Monarque conquérant et pacificateur, l'a vu lui-même
suppliant aux pieds du Roi des Rois. Dès-lors,
vous avez pensé qu'un événement aussi inat-
tendu, ne pouvait être stérile ; que la Majesté divine, aussi solennellement reconnue,
réservait à la Majesté Impériale, quelque
chose de plus grand encore que tout ce qui
s'était montré jusques-là, et que sans doute
il appartenait à ce vaste génie de signaler

l'anniversaire de son couronnement , par le monument le plus digne de lui, donc, par la plus mémorable de toutes les victoires.

Et vous, Pontife vénérable! Vous, la digne image du Dieu dont vous êtes le vicaire! Alors que, dans votre pieux recueillement, élevé si haut par-dessus toutes les pensées de la Terre, vous paraissiez être en communication avec le Ciel ; les mystères de la Providence se développant à vos yeux, vous avez vu les projets de l'orgueil et de l'ambition confondus ; la ligue des rois et des peuples humiliée, les Trônes de l'Europe pesés dans les balances du Dieu des Empires, et trouvés pour la plupart trop faibles ; et l'Empire tout entier de Charlemagne, rendu enfin à la France avec la couronne de Charlemagne. Quand, après avoir déposé le glaive de la guerre, dans les royales mains de NAPOLÉON, le nouveau Samüel fit entendre ces mots: Allez, ô vous qui êtes le Fort d'Israël, armez-vous de votre épée, et disposez-vous au combat : *Accingere gladio tuo super femur tuum, Potentissime* (1); s'il eût été donné à ces rois , qui ont osé engager une lutte si inégale ,

____

(1) Cérémonial du Sacre, page. .24 . . . d'après Pseaume. 44. .

s'il leur eût été donné de contempler cette épée, ils y auraient lu ces mots écrits par l'ange de la victoire : *Gloire à* Napoléon *, paix et liberté à l'Univers.*

Grand Dieu! qui nous aviez comblés de tant de biens, dans le tems même que nous paraissions éloignés de vous, Dieu des miséricordes! vous ne dédaignerez pas les vœux que nous vous adressons du pied de ces autels. Nous ne vous demandons plus de bénir nos armes; vous en avez porté la terreur jusqu'aux extrémités de la terre; ni de nous accorder la paix : vous nous l'avez donnée la plus glorieuse et la plus durable. Et, s'il nous reste encore quelques ennemis, réduits désormais à une honteuse impuissance, c'est par leurs propres mains qu'ils se détruiront eux-mêmes. Nous vous demandons, de répandre de plus en plus, la sagesse dans nos conseils, l'abondance dans nos cités, vos lumières dans nos esprits, et dans nos cœurs, le respect pour vos saintes lois. Nous vous demandons de longs jours pour notre Empereur, et pour son auguste épouse, que vous avez fait asseoir avec lui sur le premier trône du Monde, pour en tempérer la majesté, par la grâce répandue sur ses lèvres,

Nous ne sommes pas les seuls à vous im-
plorer. A nos voix se réunissent les acclamations de tous ces Empires créés, ou rele-
vés par les mains du Grand NAPOLÉON, les
actions de grâces des royales ombres qu'il
a réhabilitées dans leurs tombeaux, les can-
tiques de la Patrie, de la Religion, de la
Piété si long-tems gémissantes ; enfin, nous
vous demandons pour nous tous le bonheur
d'être réunis dans les jours de l'Eternité, au
Monarque à qui nous aurons dû tant de gloire
et de prospérité, dans les jours de notre
pélérinage sur la Terre. Ainsi soit-il.

F I N.